AF495058

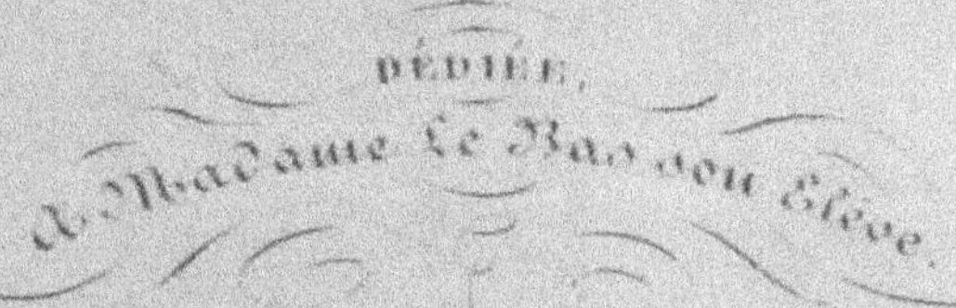

Nouvelle MÉTHODE DE SOLFÈGE

pour l'Enseignement collectif et individuel de la Musique

DESTINÉE AUX ÉCOLES, PENSIONNATS, ET COURS PARTICULIERS,

Leçons graduées

Comme Lecture et intonation depuis les plus faciles pour les Enfants, jusqu'aux dernières difficultés.

PAR

TORRAMORÉLL

Chevalier de l'Ordre de Léopold 1er Roi des Belges.

1ère Partie. *Prix net: 3f. 50c.*

PARIS,
Chez L'AUTEUR, 123 Rue de Lafayette.

1869

NOUVEAU SOLFEGE
à 2 3 et 4 VOIX.
EN DEUX PARTIES.

Malgré le grand nombre de bons Solféges qui ont paru jusqu'aujourd'hui, l'auteur de cet ouvrage a la confiance que sa nouvelle Méthode sera accueillie par tous les Professeurs qui voudront bien l'examiner, et surtout par ceux qui s'adonnent à l'enseignement collectif de la musique. Cette confiance est basée sur les résultats obtenus depuis 25 ans, par l'auteur lui-même, dans un grand nombre de pensionnats et avec des élèves particuliers dont beaucoup sont depuis longtemps professeurs.

On remarquera qu'après le **N.° 7** toutes les leçons sont écrites en guise de canon, sans que cela empêche le Professeur de les faire apprendre à des enfants de 8 à 9 ans en solfiant lui-même la lettre B lorsque l'élève aura bien appris la lettre A, et vice versa, ainsi de suite jusqu'au **N.° 40** Après le **N.° 99** on trouvera une suite de leçons faciles dont on pourra se servir sans tarder si l'on peut réunir trois ou quatre élèves au moins pour distribuer les lettres A, B, C, D. Ces leçons amusent les enfants et même les adultes, et les préparent en même temps à pouvoir faire leur partie dans la musique d'ensemble.

La 2.e Partie contient 25 Mélodies à deux parties pour voix égales.

L'exécution de ces leçons est très difficile et même impossible pour les élèves qui n'aurait pas bien appris toute la 1.re Partie.

Elle renferme encore des difficultés pour les personnes qui sont parvenues à un certain degré de force par des vocalises écrites à une partie, car en les composant, nous avons évité la routine, dans le but de faire de bons musiciens.

Cette Méthode peut servir d'ensemble pour voix égales ou differentes.

Miguel TORRAMORÉLL.

Gravée par M.me BAURY.

1 La marque de la mesure a 4 temps, manière de la battre 2 4 1 3

2. Le point augmente la note de la moitié de sa valeur.

Pour obtenir un bon résultat, il faut que le professeur fasse bien marquer les temps aux élèves.

Pour toutes les leçons avec **A**, **B**, le professeur fera deux parts égales des Elèves; la lettre **A** commencera seule deux mesures après la lettre **B** commencera à son tour par **A** et s'arrêtera au mot FIN. Il est encore bon de changer alternativement de lettre. Si le professeur n'a qu'un élève, il solfiera une des deux lettres.

1°. Le point augmente la note de la moitié de sa valeur ;

2°. Liaison pour prolonger le son du premier Mi sans repeter le second.

1º. Le Dièze hausse la note d'un $\frac{1}{2}$ ton.

2º. Le Bécare la remet dans son ton naturel.

3º. $\frac{3}{2}$, une Blanche pour chaque tems.

13.
A
B
B Fin.
14.
A
B
2
B Fin.

Le premier Dièze se pose sur la 5me ligne et sert pour tous les FA du même morceau.

17.

18.

19.

Fin

Mi mineur.

Les N°s 17, 18, 19, 20, 21 et 22, doivent être dits en parlant pour les chanter plus facilement.

L'élève doit bien marquer les temps afin de faire sentir les syncopes.

22
Fin
23
A
B
2
B Fin
24
A
B
B Fin
25
A
B
2

26.
A
B
B Fin.
27.
A
B
B Fin.
28.
A
B
B Fin.
29.
A
B
B Fin.

Apres le N° 31, voyez le N° 88, lecon facile dans le même ton.

FA MAJEUR.

Le 1er ♭, se place sur la 3e ligne de la portée et sert pour tous les Si du même morceau.

32.

33.

54.
A
B
B Fin.
55.
A
B
B Fin.
56.
A
B
Fin.
57.
A
B
B Fin.

38.
A
B
1
1
B Fin.
39.
A
B
2
B Fin.
40.
A
B
2
3
3
3
3
3
3
3
3
3
B Fin.

41.
A
B
B Fin.
A Fin.
2
2
42.
A
B
B Fin.
43.
Si ♭ majeur.
44.

45.
A
B
2
B Fin.
46.
A
B
2
B Fin.
47.
A
B
2
B Fin.

48.
A
B
B Fin.
49.
A
B
2
2
B Fin.
50.
A
B
B Fin.

51.
A
B
2
B Fin.
52.
A
B
2
B Fin.
53.
A
B
2
B Fin.

RÉ MAJEUR.

59.
A
B
B Fin.
60.
A
B
1
B Fin.
61.
A
B
2
B Fin.

62.

65.
66.
A
B
1
B Fin.
67.
A
B

68.
A
B
2
B Fin.
69.
A
B
2
B Fin.
70.
A
B
1
B Fin.

71.
A
B
2
B Fin.
72.
A
B
B Fin.
73.

74.
A
B
B Fin.
75.
A
B
B Fin.
76.
A
B
B Fin.

Fa mineur.
77.
A
B
2
B Fin.
78.
A
B
1
B Fin.
79.
A
B
2
B Fin.

La majeur.
80.
A
B
2
B Fin.
81.
A
B
B Fin.

82.
A
B
B Fin.
Mi majeur.
83.
84.
A
B
2
B Fin.

85.
A
B
1
B Fin.
86.
A
B
B Fin

87.
A
B
B Fin.
Suite en differents tons.
88.
A
B
B Fin.

89. A

B

2

B Fin.

90. A Ré♭majeur. B

2

B Fin.

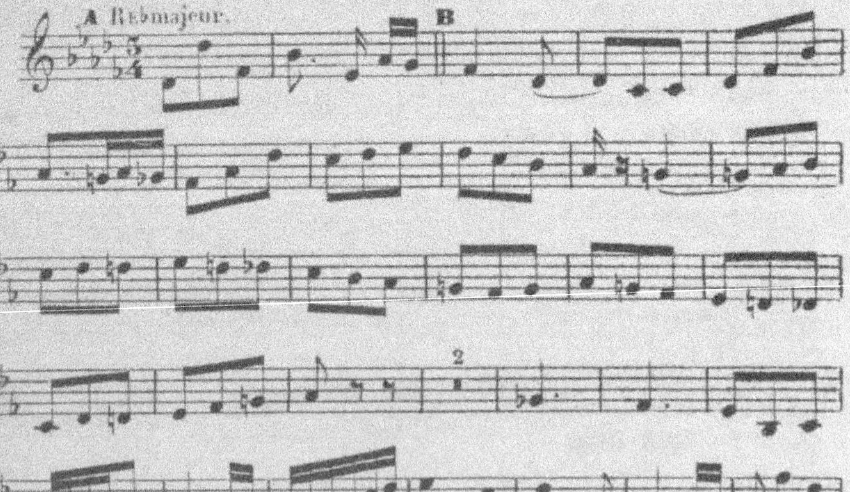

Si ♭ mineur
A
91.
B
2
B Fin.
Ré mineur
Large
A
92.
B
2
B Fin.
A
93.
B
1
B Fin.

94.
Si mineur.
A
B
B Fin.
95.
A
B
B Fin.

Valse
96.
A
B
2
B Fin.
Fin.

VALSE
97.
A
B
Fin.
B Fin.
A Fin.

Leçons faciles à 4 voix égales, ou inégales.

Il faut avoir quatre élèves et désigner à chacun, une des lettres **A**,**B**,**C**,**D**, la lettre **A** commencera seul. **B**,**C**,**D** se suivront à leur tour en commençant par **A** il faudra reprendre 4 fois et passer au mot FIN.

Nota: Pour les Canons qui ont une Coda, on reprend de même 4 fois et on passe tous ensemble à la Coda en prenant chacun sa lettre. La Coda ne se dit qu'une fois.

101. A B
C D pr finir.
102. A B
C D pr finir.
103. A B
C D
104. A B
C D 1
105. A B C D pr fr.
106.
A
B
C pr fr.

107
A
B
C
pr. fr.
108.
A
B
C
D
1
109.
A
B
C
D
4 fs.
Fin.
110.
A
B
C
D
4 fs.
Fin.

111.
A
B
C
D
Fin.
112.
A
B
C
pr. fr.
113.
A
4 fs
B
B Fin

114.

CODA en CHOEUR.

115.

116.

CODA en CHOEUR.

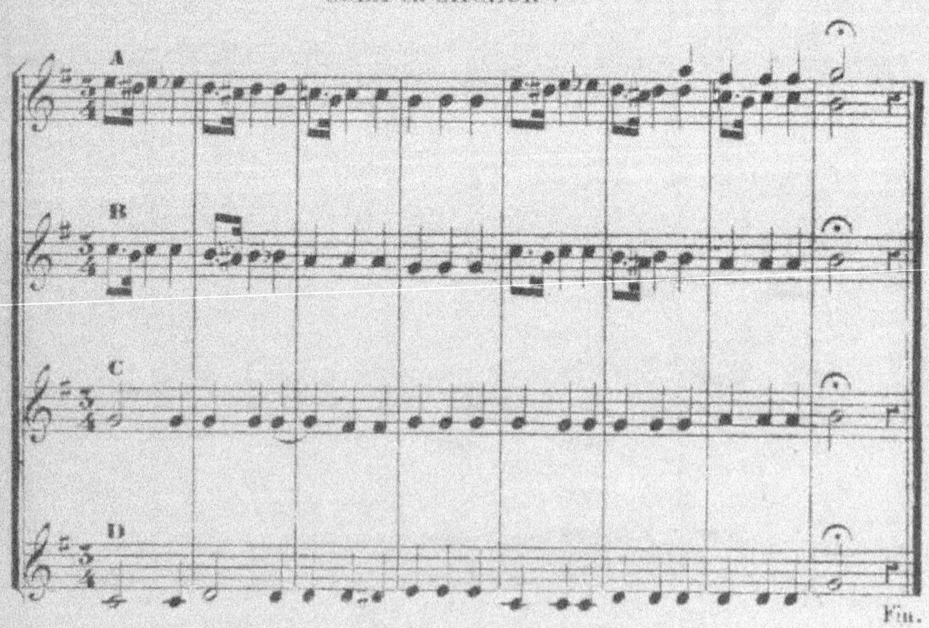

Fin.

117.

CODA en CHOEUR.

118.

119.

A
Bé _ nis_ _sons l'E _ tre su _ pre_me il veil _ le à no_tre des_tin.
B
Bé _ nis_ _sons l'E _ tre su _ pre_me il veil _ le à no_tre des_tin.
C
Il nous pro_tege il nous ai_me Il est le Dieu de l'or _ phe_lin.
D
Il nous pro_tege il nous ai_me Il est le Dieu de l'orphe_lin.
CODA en CHOEUR.
A
Il est le Dieu de l'or _ phe_lin Il est le Dieu de l'or _ phe_lin.
B
Il est le Dieu de l'or _ phe_lin Il est le Dieu de l'or _ phe_lin.
C
Il est le Dieu de l'or _ phe_lin Il est le Dieu de l'or _ phe_lin.
D
Il est le Dieu de l'or _ phe_lin Il est le Dieu de l'or _ phe_lin.
Fin

120.

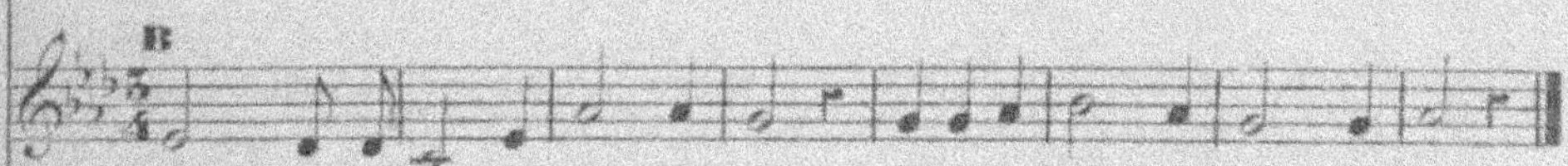

Dieu toutpuissant du haut des Cieux de tes en_fants en_tends les voeux.

Dieutoutpuis _ sant du haut des Cieux de tes en_fants entendsnos voeux.

CODA en CHOEUR.

Paris imp D Michelet, 6 rue du Hazard

www.ingramcontent.com/pod-product-compliance
Ingram Content Group UK Ltd.
Pitfield, Milton Keynes, MK11 3LW, UK
UKHW022146170726
13837UKWH00004B/1812

9 782329 224701